【風格】翻譯文學叢書02

是非論愛情

Pour et contre l'amour

Jean-Claude Lavie 著
賴怡妝 譯

紀念拉維（J.-C. Lavie）

今年（2020）七月的某個夜晚，
他長眠了，
如果到十一月，
那他就有一百歲了，
百歲之後的一個月，
我才想到要寫最後的隻字片語：

是非論愛情

Pour et contre l'amour

4

互爲時間（Dual Time）

在巴黎：有一回前往他家中參加法國精神分析學會的候選人團督的途中，在歌劇院的地鐵站，我看到一個告示牌寫著：禁止入內，死亡之虞。這反而讓我好奇，裡面到底是什麼？其後，當天的團體進行得不甚順暢，有許多沈默，我卻縈繞著地鐵內的告示警語，覺得有些奇怪，但隨即浮現了對應的中文表達方式：生命之虞。

在台灣：有一回他與我在一所醫院的電梯當中，他注意到標示樓層的數字沒有四樓，他問我何故，我說這是忌諱，因爲「4」在中文的發音，與「死」相同，因此在醫院當中沒有「4」，在醫院當中沒有死。

巴黎與台灣之間：有十年以上的時間，每個星期三的台灣傍晚，巴黎的早上，我們透過視訊談論我的個案和精神分析的種種。許多次，我說的法文當中的人稱、性別、時間常令他混淆，我向他說明中文裡有些情況不用主詞，例如「起風了」，沒有「il」這樣的虛主詞字眼，動詞也沒有時態的變化，而是藉助語尾的小字眼，例如「了」，表示動作完成。他則問我是否中文更適於精神分析的表達，對於母語是中文的我，完全無法回答，我心裡想：也許是兩個人用各自的語言溝通時，比較接近精神分析想表達的。他隨後想起，有一回他問葛拉諾夫：「現在幾點了？」葛拉諾夫想了一下，回答他說：「佛洛伊德說：『現在十點了。』」

最後一次他送給我的禮物，是一只路易皮昂的手錶，錶面的左右兩邊各有一個圓圈，圈內有時針、分針、與秒針，各自受錶殼內不同電池管轄，最下方明顯地寫著「互為時間」，通常我將這兩個圈圈設置為巴黎與台灣的時間，日前代表台灣的時間指針停止了，我沒有想要更換電池，而是將巴黎的時間更改為台灣的時間，難道我是想掌控生命的時間與死亡的時間嗎？日後再見了，拉維先生※。

楊明敏
臺灣精神分析學會 IPA 訓練分析師
法國第七大學精神病理與精神分析博士

※拉維先生的姓 Lavie 在法文意為「生命」。

感謝怡妝

拉維生前兩度來台，
都是由怡妝擔任公開講演時的逐步翻譯，
他最後的法文書寫，
也是由她慢工出細活筆譯而成。

時間之外

不是斯湯達爾《論愛情》中的分類與結晶，不是《等待果陀》中的重複與荒謬。

那麼是什麼？是……是拉維的《是非論愛情》翻譯的完成，在等待的盡頭，中譯本像行文中是非反覆、無法確定是否會前來的女子，倏忽出現了。

在拉維來台之前，曾經考慮過以同步翻譯進行，友人與我反覆聽了許多次，仍然認爲雖說是同步，但兩種語言的聲響仍然有著無法忽略的、微小的時差，甚至有時嗡嗡作響，因此選擇了逐步口譯的方式進行。

就在講演的稿子完成後的數天，拉維約了我在巴黎歌劇院大道住處的露台討論內容，當他問到台灣的聽眾是哪些人？如何揣想他們想知道什麼？我支吾地、捉襟見肘地無法明確的回應。他逐漸有些緊張，可能意識到這問題是無法預先答覆的，但隨即他的焦慮鬆弛，而以好奇的口吻問我：「Odile（怡妝的法文名字）有學過精神分析嗎？」我搖頭說：「據我所知，應該是沒有制式化地學過。」他沈默了一會兒，說：「她好像都懂我在說些什麼！」

講演在台灣進行時，我在台下專注地聆聽法文與中文，核對著口譯的正確性，是否忠實等等，但是當我回神過來時，卻覺得方才有種錯覺：怡妝說法文，拉維說中文嗎？

演講數日後，拉維與我在淡水的某餐廳用膳，我以有限的知識向他介紹紅毛城時，他突然對我說：「我聽得懂 Odile 的翻譯。」

數年後，我又得知拉維與怡妝的生日是同一天，如果他的身體狀況允許，兩家人是會一同慶生的。知道這「巧合」之後，我的回憶中也平添了新的景象，怡妝當時也在他家的露台上與我們討論。日後我想到拉維時，思緒往往會轉到這段插曲之上。

非常謝謝你，怡妝。

楊明敏

一位男士坐在餐廳裡等待。
他的腦海中有「是」和「非」的聲音在爭辯。

是曰：能夠坐在這裡，好幸福！我愛她……她會來赴約，在她到來之前，我可以想她。

非曰：你非要胡思亂想不可嗎？

是曰：我提早到，就是爲了想她啊……想她的容貌、她的眼眸、她的肩頸、她的雙手……

回想我當時瞥見的一切。

非曰：最好什麼都別想！

是曰：這可不容易！說來奇怪，我們無法阻止自己東想西想，這究竟有何用處？

非曰：問得好！

是曰：答得不好！

非曰：思想……的用處是……牢牢抓住！

是曰：牢牢抓住？

非曰：對啊，牢牢抓住正在想的人、事、物。

是曰：好像踩在自己的手上攀高嗎？

非曰：差不多。想，就是自我扶持。

是曰：想她，是要扶持什麼？

非曰：讓「你愛她、她會來」的想法更堅定，因爲你其實半信半疑。

是曰：才沒有，我對此毫無疑問。

非曰：如果你不懷疑，就不會去想。你不會在中午的時候想到天還亮著，如果這樣想，就表示有天黑的可能；想著她會來，讓人覺得她可能會爽約。

是曰：眞的嗎？「是」會導致「非」？因此，當我在想……

非曰：……而且你持正面看法時，我採取反對立場。想，就是衡量正反兩面。

是曰：所以想就是秤斤掂兩？

非曰：在字源學上，法文「penser」（想）這個字，正是來自拉丁文的「pensare」（秤重、比較）。

是曰：那麼，想應該是一個三方動作：一方贊成，一方反對，還需要第三方來當權衡利弊。我說是，你說非，那誰來秤重？

非曰：知道了也沒用。

是曰：我會明白想她是對是錯，知道這樣想是恰到好處，還是胡思亂想。

非曰：我們從不胡思亂想，但這不見得表示我們所想之事有份量。聲音最大、佔據最大空間的思想，往往不是最有份量的思想。

是曰：那它的份量從何而來？

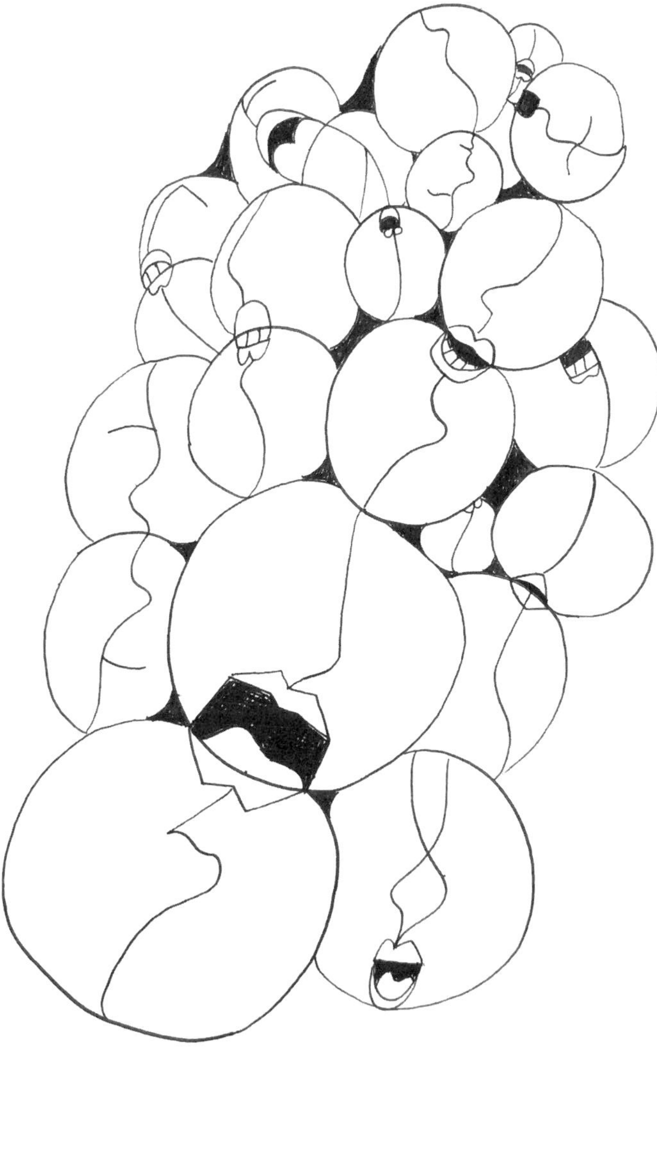

非曰：我們看不見思想的份量來自哪裡，正如我們看不見物體的重量來自哪裡。據說物體的重量來自重力，但這是肉眼看不見的。如果我們想瞭解重力並鍥而不捨地鑽研，最終可以發現地心引力。好不容易，我們終於瞭解物體具有重量的原因。但是問題並未解決。這個讓我們可以秤出地上和天上所有物體的重量之偉大引力，我們根本不知道它是什麼。我們可以利用它做很多事，將機器人送上火星，並且是分毫不差地送到預定的位置，但是對於地心引力賦予物體重量的方式，我們仍毫無頭緒。引力極爲精準，我們雖不瞭解它的運作原理，卻可以利用它。思想也是一樣，它極爲精準，我們雖不瞭解它的運作原理，卻可以利用它。

是曰：我可不想在這上頭傷腦筋。

非曰：關於物體的重量，用重力來解釋就夠了。思想的份量也是一樣，只需說它來自常理，來自理性，然後對此堅信不疑。激情或執念，一樣可以讓我們堅信不疑。

是曰：被一個念頭糾纏時，其他念頭就溜走了。啊，一直想著這些重量及份量的問題，我就不再想她了。糟糕，想到我不再想她，又讓我想起她了。還有其他變通之道嗎？

非曰：想小蒼蘭吧。

是曰：小蒼蘭確實是吉兆，因爲衆花之中我唯獨鍾情於小蒼蘭，所以桌上擺著小蒼蘭，應該會爲我帶來好運吧？

非曰：你覺得是好預兆，我看只是碰巧罷了。

是曰：那又怎樣？巧合難道不能給我們打暗號嗎？

非曰：別說傻話了。巧合是你求來的，如果你不喜歡小蒼蘭，就會對桌上的花視若無睹。

是曰：但是我確實看見了，既然是因爲我鍾愛小蒼蘭才會看得見，那就絕非不期而遇。看到桌上擺著我喜愛的小蒼蘭，對我來說是大吉之兆。因爲我在等待的那個女子，我並非湊巧看到她，而是因爲我愛她，否則我不會在茫茫人海中一眼就看到她了。

非曰：你相信自己是在等一名女子？

是曰：你瞎扯什麼！

非曰：你期待的不是一個女人，而是愛情。

是曰：但是……但是……我期待愛情是因爲我遇到了這個女人，雖然我們是因爲我一直在期盼而相遇。反正最重要的是等待，毫無期待的人，什麼都得不到。

非曰：麻煩也是等來的嗎？

是曰：期待和害怕是一回事。

非曰：總之就是焦慮！

是曰：怎能不焦慮？三天前，我還不認識她。假使我沒聽到她爲了避開我而剎車的聲音，我就不會轉頭，就不會看到她，也不會認出我如此熱切期盼的那名素昧平生的女子。

非曰：這才是瞎掰！

是曰：才不。我看得一清二楚，她也認出了我。她先是滿臉錯愕，看到我就在那裡，近在咫尺，幾乎就在她的車輪下。當她回過神來，意識到我還站在她車前時，光彩照亮了她的臉龐。我們四目相望，用眼神不斷重複傳達彼此相認的訊息，起碼有一秒鐘之久。無論如何，在紅燈變成綠燈之前的那幾秒之間，我靈機一動，趕緊開口請她吃晚餐。幸好我反應夠快，不然就得在《解放報》上刊登尋人啓事：「差點在歌劇院大道上把我撞死的那位夢中情人，請打電話給我，我想再多看你幾眼。」

非曰：你現在開始害怕了吧。

是曰：如果不害怕，那還能叫等待嗎？等待的時候，一定會害怕空等一場，到頭來什麼都沒發生。

非曰：你怕的應該是她眞的現身吧。所以才會提出東想西想的問題。

是曰：東想西想的問題？

非曰：等待，就是想著我們在痴痴地等。如果不想著這件事，就好像並沒有在期待什麼。而想著等待的對象，讓這個對象變成一個念頭。

是曰：你這樣說，目的在於讓我相信這個念頭一文不值！既然如此，你爲什麼不趕盡殺絕？在我們相遇之前，對我來說她並不存在。在我心裡，她是「非念頭」，但是我雖然沒想著她卻在等著她，因此她至少是一個存在著的「非念頭」。然後，我一直在期待的「非念頭」搖身一變，成爲我正在等待的一個念頭。到頭來，想與不想殊途同歸。我們總是在期待著什麼。因此，我才會問東想西想究竟有何用處！

非曰：此時此刻，就是用來消遣吧，幫你打發無聊的等待時光。由此聯想到巧合。

是曰：提到巧合是爲了讓我安心。我和她的邂逅，如果不是巧合，就是命中註定。後者對我來說更難纏。面對巧合已非易事，如果得面對命運，難怪我會害怕！

非曰：可以成就大事的命運之約，你已經浪費過不少次了。

是曰：這才更有理由害怕。

非曰：眞的嗎？其實我們註定要與命運失之交臂。我們與宿命錯身而過卻視而不見，根本不知道自己錯過了什麼，節省了很多懊悔和淚水，眞是完美的安排！你在看到這個女人之前並沒有在等她，這並非純屬巧合，而是比較保險！

是曰：倘若我未曾感到痛苦，就不會有所期待。

非曰：所以說，是你的痛苦認出了這名女子。

是曰：我碰巧遇到了思念的人。但是在和她相遇之前，我並不知道自己想念她。

非曰：你的痛苦、你的期待、你的思念……說不想她，你眞是成功得一塌糊塗。

是曰：眞的，我被思想箝制了。但是，我們怎能不受思想箝制？

非曰：你又來了。我們總是受思想箝制的，我們可以從一個念頭跳到另一個念頭，但總是隨著思緒遊走，無法逃脫它的掌控。你以爲自己生活於外在世界中，但是在你想著大千世界時，仍舊活在自身思想的世界中。以這名女子爲例，當你想到她時，會以爲自己想的是她。然而，你能想的只是在自身思想中的她。待會兒她現身之後，如果你想到另一個女人，咻，她就不見了。此刻在這家餐廳裡，正是因爲我們忙著想這些事，所以我們看不到周圍的任何人。

是曰：喂，剛才你說我們是三個人，除了你我，還有一直在做決定的權衡者。你一感覺到我同意，我就能感覺到你反對。但是他呢，我們爲什麼感覺不到他做了決定？

非曰：因爲我們並不眞的想知道。這樣比較好，否則會令人焦慮到無法承受。在思考的過程中，我們會同意或不同意所想之事，卻無法掌握贊成或反對的理由，只能信賴思想彷彿具有的重量感。我們從不會去想那個權衡者。當你覺得自己在隨心所欲引導思緒，卻突然忘了自己在想什麼，這是哪個傢伙幹的好事？就是他！他隨時可以讓你將一些想法拋在腦後，一筆勾銷。通常我們甚至不會意識到他的介入，只是被另一個念頭箝制，繼續想下去。

是曰：然而，這些念頭爲什麼總能讓我們信以爲眞？

非曰：這就是證據！是他在我們耳邊嘀嘀咕咕，這是對的，這是美的，這是聰明的，而我們總是相信他。如果我們開始懷疑他權衡的結果，就會產生焦慮，不知如何是好。於是，我們不假思索地接受，並因自己有理而吃了定心丸，滿懷自信……你不問我爲什麼覺得自己有理會感到安心？幸好你沒問，其實我和你一樣不明白箇中道理。他說了算。如果他改變主意，我們也二話不說，立刻跟進！不然還能怎麼辦？我們都任他宰割。

是曰：喂，我們還是來想她好不好？

非曰：等等，這還不算什麼，最糟的是我們甚至不知道權衡者用什麼來秤重，也不知道他背後的主使者是誰。因此，不可能對他施壓。這個在腦中作威作福的思想權衡者，你明白爲什麼誰也不願去想嗎？因爲不去想他，才能夠牢牢抓住所想之事。我問你，哪些事物在我們不去想時仍然存在？

是曰：很多啊，一切、他人、宇宙、收稅員。他們都存在於我思維之外的世界裡，不是嗎？

非曰：你不去想，他們就不存在。你所謂的「存在」迫使你去想、去想像他們。對不繳稅的人來說，收稅員存在嗎？你看，這家餐廳的老闆，我只需想到他就能讓他存在。如果我忘了他，噹啷，他就消失了。

是曰：照你的說法，是這個女人存在的現實讓我想她。因爲我在等她，所以她存在。然而，她可不是我憑空捏造的，對於我們的相遇，我記憶猶新。

非曰：你遇到的，只是你所想的她。你的回憶，只是你所儲存的美好刻板印象，誰也不能推翻它們。倘若有人指出其謬誤，你會不惜一切堅持這些印象的眞實性。你信任自己的記憶，將它視爲保證終生有效的「鐵定事實資料庫」。喪失對記憶的信心會讓人發瘋。記憶力衰退是件討厭的事（至少在你記得時），而再也不能相信自己的記憶，那簡直是人間悲劇。

是曰：你幹嘛講這些長篇大論？

非曰：以防萬一。萬一待會現身的不是你記得的那個女人。她最好別來，這樣就能繼續保持你記憶中的美好形象。無法擁有，才會朝思暮想。現在你知道，與命運失之交臂其實還挺划算的。「各位女士先生，數不清的懊悔是我眞正的財富。」

是曰：如果你說我是在等待想像中的幻影，我寧可現在就回家！

非曰：你看，你現在覺得回憶似乎是想像出來的。

是曰：恰恰相反，我倒是怕它們太眞實。和我的期待重逢令我畏怯。這名女子的現身在我的心湖掀起洶湧巨浪。我在這輛差點撞到我的車前回頭時，整個人完全僵住，然後我看到握著方向盤的她，頓然醒悟一顆心爲何如小鹿亂撞。她，是她！不可思議！我看得清清楚楚，沒壓到我讓她欣喜若狂，開心到樂意在任何其他地方和我見面，只要不是在她的保險槓前。

非曰：你請這一大堆「謊言沙拉」來吃飯？

是曰：這又難又硬。老實說，在大部分的時候，我能夠玩弄的就是自己編造的「謊言沙拉」。這正是我所擔心的。當她來到眼前時，我怎麼處理這些「謊言沙拉」？

非曰：我們還沒走到那一步。

是曰：但是她在赴約的路上，會想些什麼？我在這裡想她，她可能也在想我。她會編造出什麼樣的「謊言沙拉」？

每個人都基於自己的想法來加油添醋，修飾對方，我們能夠分享同一碗沙拉、互相瞭解嗎？

非曰：男人和女人似乎是互補的，我們姑且接受，但是彼此瞭解、聽懂對方的心聲是他們與生俱來的本能嗎？我們都知道愛情是盲目的，但愛情其實也是耳聾的。我們不敢說它笨，但它經常會讓人變笨。你並非興高采烈地期待著這名陌生女子將帶來的驚喜，準備發現一個未知的、豐富精彩的世界，你只希望她就是你草草想像的那樣。最終你並不抱著太大的期望，她可能也是如此。你爲什麼不乾脆買個充氣娃娃算了？

是曰：你到底想找什麼碴？現在我已經搞不清楚，我等待的究竟是一名女子還是我所思所想。然而，如果她只存在我的思想中，那我何必在意她的想法？

非曰：預感告訴你，她會逃脫你思想的掌握，變得遙不可及。

是曰：無論是否遙不可及，她都會思考，我有權利推敲她在想什麼。

非曰：只需設身處地，我們不難想像，她應該在想自己對這場約會有何期待。但是她和你一樣，要等到期望落空之後才知道自己期待的是什麼。她猜測自己可能會大失所望，同時又希望不會失望。仔細想想，約會的本質是什麼？比商務會談更可怕。況且，這能算是約會嗎？

是曰：當然是。無論如何，活著，就是不斷等待著愛。

非曰：等到這個渴望滿足之後，就一無所求了。

是曰：目前我們還在等！

非曰：聊著聊著，又過了五分鐘。終究，你對她所知有限吧？

是曰：我知道我在等她。坦白講，你覺得她對我有何期待？

非曰：你爲什麼不老實承認，你根本不在乎她的期望。你只希望她等待的那個人是你，卻不思考她對你有何期望。

是曰：我雖然不知道對她有何期望，還是在這裡痴痴地等啊！我就是想要她，並未思索我到底想要她的什麼。大概是全部都要吧。

非曰：什麼全部？

是曰：我所期待的全部。

非曰：你看吧，等她到了以後，你們將與各自的期望在一起，而不是眞正跟對方在一起。

是曰：你總是千方百計找我麻煩，一生都是如此。我怎麼受得了你？我一思考，你就跟我唱反調。

非曰：你知道自己在對誰說話，不是嗎？

是曰：別再攪局了。我就是覺得她很美，不必想太多。我想摸她，聞她的香氣。

非曰：你覺得這就是她想要的？想在你眼中看到你對她的慾望？這真是與眾不同！她一定會喜出望外！如果你不想讓她覺得又是老套，還不如向她推銷吸塵器。你覺得她會認同你在她眼角瞥見的魚尾紋？你只透過車窗看到她，說不定她是截肢者。你只對她驚鴻一瞥、還一無所知就墜入情網，你覺得她會因此而沾沾自喜？對你來說，相信她的需要與你想要的完美契合，比試著瞭解她的期望容易得多。今晚，你們每個人都只是跟自我約會，沒什麼好大做文章的！

是曰：你這樣講，好像這事與你毫不相干。

非曰：我看事情的方式跟你不一樣。你太沉溺於自己的幻想中了。

是曰：好吧，你可以繼續教訓我。反正在等待時，我們有的是時間。

非曰：你認爲女性會覺得自己就是別人眼中的她？就是她展現的曲線、激發的情感？或是她讓你預見的享樂、幻想的淫穢場景？還是她不知不覺中造成的尷尬？

是曰：你想說的是，女性從來都不是別人眼中的她。總之，你認爲她只是想像的產物。但是她自己呢？她當然認爲自己是一個有血有肉的女人！

非曰：女人是男人發明的。你認爲一個正在拔黑頭的模特兒，會覺得自己就是窈窕曲線在你身上引發的感覺？如果眞能和她上床，你將在何處尋回她的曲線？還不是在你的腦海中？你將和自己腦海中的窈窕曲線做愛。眞是完美的安排，不是嗎？

是曰：這令人一點都不想……**做女人了**！

非曰：你以爲做男人有差別嗎？你不過就是別人眼中的你罷了。你希望她愛你，但是你寧可不去想，她約會的對象不是你，而是她心目中的你的形象。你將只是鏡中倒影，是她童年鍾愛的米老鼠，充其量也不過是一個夢想。你甚至冒了一個討人厭的大險。這符合你對自己的看法嗎？

是曰：別扯遠了，把話題拉回到她身上吧。你所謂的把我看透了的那一套，我已經厭倦了。

非曰：你是否想過，一個想取悅別人的女人經歷過哪些心理掙扎？你以爲她願意冒險以眞面目示人？她寧可扮演一個角色，或者蒙上神秘面紗。爲了成爲美女，她可能嚐盡了苦頭；而有時扮演別人眼中的她，必須承受同樣痛苦的折磨。「眞是難以置信，妳長得好像我的前妻！」……這眞是貼心的讚美，不是嗎？其餘以此類推。「妳的胸部令人興奮。——眞的嗎！」她不反對，但這與她的自我感覺並不相符，只是因爲可以避開她眼中眞實的自己而讓她安心。爲此，她願意成爲別人心目中的她的形象。如果你以爲對方談話或注視的對象眞的是你，那你也未免太天眞了。女人能夠感覺到，男人所看到的並非她自己。她已經習以爲常。你想想：穿高跟鞋，染頭髮，或者悉心挑選胸罩，都是試圖喬裝改扮，彌補美中不足之處，並允許他人創造一個完美的形象。「親愛的，你覺得我今晚怎麼樣？——你去做過頭髮？——沒，我換穿平底鞋。」

是曰：你實在是……

非曰：你聽我講完。女人比我們腳踏實地，比較不會自以爲是，不想大剌剌地秀出自己的瑕疵。男人很容易自以爲天賦異稟，所做的每件事都值得欣賞。女性則邀人欣賞她精心打造的成果，她們深諳此道。「妳有一雙迷人的眼睛，妳知道嗎？」但是你看過她「素顏」的眼睛嗎？提醒你，義大利文的化妝是「trucco」，這種作假的藝術並非女性的專利，男性亦然。想想我們誘人的領帶，我們覺得戴上精挑細選的領帶就無需費心尋思其他的誘惑手段，因此有些男人養成了不時檢查領帶是否端正的習慣性動作，這令他安心。還有我們追求完美的造型，對於多三根或少三根毛髮都錙銖必較。每個人都穿上自己認爲最好看的盛裝。牛仔褲上的破洞可以表現自我，其作用並不亞於對當日熱門電影的高談闊論！歸根究柢，我們所塑造的他人的形象雖然離譜，與我們心目中的自我形象相比，卻沒有更誇張。反正都是假貨。這並不是什麼偉大的發現，你老早就知道。不僅是你，每個人都心知肚明。赤裸裸卻覺得自己穿著新衣的，不是只有那個傻國王。

是曰：聽起來，你絕對不會掉進這些陷阱裡。你這個喜歡唱反調的傢伙，我們等著瞧，等她來到現場，看你會不會使出渾身解數來討她歡心。我忽然想到，倘若她也帶著是非兩面一起來赴約，那會相當搞笑。「服務生，麻煩再加兩位！如果我不是獨自一人，我們將是四位，或是六位，如果必須做決定的話。」在那之前，我們不妨閉嘴休息一下，這樣才有可能看到她本人進來，而不只是憑空想像。

非曰：你真相信她會來！

是曰：我確定。你看，那個走進來的就是她。（壓低聲音說：）我想的沒錯，她來了。

無論如何，那個走進來的好像是她，不是嗎？

非曰：記得她長相的是你。

是曰：你閉嘴。

沒有人走進餐廳。

是曰：這是她的微笑，沒錯……她東張西望，認出是我，開始走過來……她比我想的高一些……你看，她明明長著兩條修長的腿……她身材苗條，動作靈活，裝扮優雅……好，我們坐下來了。（他沒動。）她的秀髮，大家怎麼說來著，令人陶醉，不，那是她的香水。我的心跳又開始加速。她不開口，她的沉默讓我心慌意亂。她讓我凝視她的面容，嗅聞她髮際的芳香。啊，這帶給我難以形容的幸福感。誒，對你也好，對我也罷，這已經不是思想，而是感覺了，不是嗎？話說回來，她確實有點不眞實。我不會急著開口，我想繼續聽她的眼睛說話……你終於啞口無言了？我的意識，我的分身，我的頭號搗蛋鬼！看到她近在眼前，你和我一樣驚訝，不再找我麻煩。你聽好：我覺得我帶給她的愉悅享受，和她帶給我的足以相提並論。你想知道有多少？全部！你羞愧得無話可說了。終於有一次，我贊成而你並不反對。謝謝你承認這一點。幸好我堅持等待一個念頭。等待愛情的想法攪亂了一池春水，因爲我可以想像一個女人能夠帶給我的一切，但是我對愛情的期望卻是不解之謎！她前來赴約讓我心滿意足，更何況她如此完美，夫復何求。在她身上，我找不到絲毫缺陷。這可不是自圓其說，激情不能討價還價，愛情是無情的！潛入她熾熱的眼眸，讓我的心被愛情的烈火燃燒。我們在沉默中融爲一體，不可思議地親密，多麼幸福。試圖用話語縮短彼此的距離，可能反而會讓我們疏遠，無法如此水乳交融。我能夠立刻說出一句話嗎？這將會很困難，我必須當機立斷，卻猶豫不決……我甚至沒聽過她的聲音，她用眼神許下了赴約的承諾。說不定她是倫敦人，不然她的皮膚怎麼會如此蒼白！……話一旦說出口，不管是什麼話，都會讓我們成爲陌生的異鄉人。倘若時間能夠停止流動，該有多好。不知道我們的未來會是如何。

非曰：「有情人終成眷屬，兒女成群。」

是曰：原來你還在啊。我們的故事還沒揭開序幕，你就想出如此俗不可耐的結局。你爲什麼這樣說？

非曰：「有情人終成眷屬，兒女成群。」因爲很多童話故事都以這句話收場，所以你認爲這是結局。事實上，這並非結局，也並不含蓄地影射生兒育女所需的肉體接觸。你以爲這是象徵性、幸福燦爛的收尾，它其實是在善心地教導小朋友婚姻的眞相。被白馬王子喚醒，並非大功告成，公主醒來之後，就要履行自己的義務！時間不再靜止。這對經歷了百般波折、終於得以團圓的戀人，明確收到了如下訊息：「你們相遇了，眞棒！你們彼此相認，恭喜！現在，故事才要進入正題，就是生兒育女……」用這種方式宣布所有錯綜複雜的羅曼史的眞正目的，眞是委婉啊。傳統上，就是用這句話提出善意又含蓄的警告：「你們含情脈脈地注視對方的心靈深處時，別忘了未來將要面對的尿布、奶瓶、百日咳、預防針、就學問題等等。」這就是你用一雙死魚眼直盯著她時所要的？

是曰：幸好她聽不到我們在想什麼。你覺得她想要幾個小孩？

非曰：別忘了，她可能已經生了好幾個。

是曰：你眞愛掃興。沒關係，我可以跟她聊天，不聽你嚼舌。我們總要點菜嘛。讓我仔細想想，如果她是英國人，我如何打開話匣子？她說不定是瑞典人，或是立陶宛人。反正我覺得她像北歐人。那麼，開場白應該說什麼？總不能問她餐廳好不好找，既然她已經來了，也不能謝謝她來赴約……啊……她正在跟我說話……她的聲音比眼神更能打動我的心弦，因爲它能和我產生共鳴。她的嘴唇比她的話語更迷人。看來，我只好坦白招認，因爲我意亂情迷所以什麼都沒聽見。她覺得我很逗……她的雙眼浮現笑意，以及我喜愛的眼尾細紋。終於，我聽見了，聽懂了話語的意思。什麼！她說她已經看過門口的菜單，決定點夏多布里昂牛排，配沙拉……嗯，喔，「沙拉」真的出現了……灑檸檬汁和橄欖油。好吧，她是一個很有效率的女人。我也……呃，我點夏多布里昂牛排，配橄欖檸檬。物質問題解決了，我們可以鬆一口氣。

非曰：她這輩子是否已愛過很多男人？

是曰：別來煩我，現在時機不對。我想問她喜不喜歡小蒼蘭。如果我們有相同的偏好，我不相信那純屬巧合！我沒聽懂她的回答……她比較感興趣的是，我喜不喜歡義大利菜……為什麼有此一問？我知道了，因為這是一家以威尼斯美食著稱的餐廳，而她卻點了一道法國菜……我住在附近嗎？是的，為什麼提出這個問題？因為她不太喜歡這一區，房地產價格高昂，街頭卻氣氛冰冷。真的嗎！……我的公寓有陽光嗎？有，呃，沒有，應該說，有一邊曬得到太陽……我漫無頭緒……我準備好的小蒼蘭問題落空了，一時不知道該說什麼。我熱切希望她真的存在，現在她近在眼前，我卻迷失了。

非曰：老兄，你想與她重聚，還是與自己重逢？

是曰：當然是她，但是我找不到她！

非曰：你在胡扯什麼？她就在你面前，別再捨近求遠。你找不到的是你的想像。你是和自己的想像約會，對這名驚鴻一瞥的女子的熱愛，是你發揮想像力，隨心所欲編出來的。終究，你愛的是你自己。

是曰：等一下……她又開口了：「前天我差點就撞到您了！」如果我沒聽錯，她正在說：「我邊開車，邊跟我的前夫講電話，所以心不在焉，眞的非常抱歉。我當時和您一樣大受驚嚇，如果您看得到自己的臉，就會看到自己嚇得面無血色。我和您視線交會時，罪惡感油然而生。總之，最重要的是在千鈞一髮的一刻避開了……」此刻，在我面前，在再次即將碰觸到我的一刻，她又成功避開了。我以爲我們會談論莎士比亞、金字塔、伍迪艾倫電影的嚴謹結構……還是我避開了她，不願承認她有自己的生活，承認我們並沒有同樣的煩惱及渴望？倘若我認爲我愛她，卻不願接受她眞實的自己，那麼我愛的究竟是什麼？……誒，你睡著了嗎？你歡欣雀躍地享受勝利滋味的時候到了，我確實是在做夢！

非曰：我不是落井下石的那種人。你應該感謝她，讓你終於明白你對愛情的定義。「我在等她，等待全部。」全部，但是她帶給你的眞實的自己除外。

是曰：抱歉打擾一下，你對不瞭解的事大發謬論，你不知道「等待全部」是什麼意思。你一副腳踏實地的樣子，只期待自己已經擁有的，或者確定可以擁有的。你可能擅長管理，但是對詩情畫意卻一竅不通。

非曰：我儘量保護你，免受幻想破滅的折磨……

是曰：你以爲說服我不要抱任何期望，就可以保護我？說穿了，你根本是膽小鬼，而非腳踏實地。

非曰：你到底想說什麼？

是曰：我要告訴你，什麼是等待全部。你將會明白，思想勝於你所謂的現實，而且你所謂的現實，根本只是不戰而降者的思想。「等待她給我全部」有許多含意，例如，希望她既臣服於我，又是我的主宰。讓一個已經臣服的人順從，有何樂趣可言？因爲這兩者似乎自相矛盾，所以你要我放棄。然而，如果這正是我想要的呢？可以佔有她的遠景，比眞正的佔有更令我興奮。請試著瞭解，我想征服她，如果已經征服就沒意思了。因爲你總是站在「反對」的立場，所以你不知道「贊成」有時會讓人脫離現實。

非曰：這有何益處？

是曰：有啊，我可以預先想像自己所期待的，提早享受。在我看來，放棄毫無益處。買樂透的人，不都是想像自己將會中獎而樂在其中？

非曰：但是你親口承認，你並不想中獎，呃，不想佔有她。

是曰：誰在談佔有？我介意的並非無法佔有，而是你一直想說服我，我在妄想不可能的事。在你看來，我非但不能佔有她，甚至不可以等她。

非曰：你已經跟現實脫節了。

是曰：你爲什麼把現實扯進來？你先前說這名女子不存在，現在又跟我講起她的眞實性。眞正重要的不是她的眞實性，而是她所激起的慾望的眞實性，這完全是爲她著想。女性都很清楚，她必須迎合男性的慾望，如果她認爲這是僞裝而寧可拒絕，唯一的退路將是移居他處，如果他處存在的話。作爲愛情的客體，她完全是憑空捏造的。

非曰：你在胡扯什麼？

是曰：我正在告訴你，我爲什麼要提前赴約。

非曰：我不明白。

是曰：你表面上是「萬事通」，實際上卻不明就裡。我提早到是爲了等待我想像出來的那位女子，而你一直在講的，卻是那位你認爲將要現身的女子，她其實也是憑空捏造的，但卻是一個無法令人滿意的版本。你現在明白了嗎？對於等待的人來說，她來不來其實無所謂。專門爲此目的而設計的客體更容易激起愛意及慾望，我的期待賦予她生命。

非曰：你說的這是自欺欺人的幻象吧！

是曰：你所謂的「幻象」有什麼不好？不然你有更好的替代方案嗎？你只是個愛潑冷水的掃興鬼，憑著「一切都是鏡花水月」的老生常談，澆熄渴望的火苗。想不到，我的腦中竟窩藏著這樣一個專門扯後腿的內奸！等她來了以後你可以親眼目睹，她完全符合我的幻象。

非曰：慢著，這聽得我目瞪口呆。你要跟我一刀兩斷是嗎？

是曰：眞希望這是可能的。在愛情方面，你有時把我當作天眞的傻瓜，我當然和你一樣清楚愛情是一種假象，但是我們應該悉心經營這種假象，因爲它是活力與幸福的泉源。如果慾望都只是對幻象的慾望，那還能殘存什麼？世界上只會剩下一批睿智的性無能者吧。如果一切都是虛幻的，那我們爲什麼還要扭動屁股？你愛怎麼理解都可以。反正不管我做什麼你都要引經據典地指責批評，我已經受夠了！

非曰：我們的目的並非互相攻擊，我們勢必要結爲盟友。你曲解了我的立場，我無意勸退。你注意到了嗎？撇開夢想不談，她應該是一個追求感官享受的女子，這足以證明我的支持了吧。

是曰：君子所見略同。但是我懷疑，你是要我挺身面對所謂的「幻象」，我敬謝不敏。

非曰：如果某些人能夠和你交換身份，不對，是和我們交換身份，他們會毫不猶豫地挺身面對。

是曰：假設她說：「好，但是要趕快做完，有人在等我。反正這是我欠您的。」

非曰：哇，你怎麼變得如此腳踏實地！

是曰：才不，我寧可繼續做夢。用你擅長的弔詭修辭法和她交談吧，你們一定會談得來。儘管祭出你的冷嘲熱諷，我要繼續等待。如果夏多布里昂牛排好吃，記得通知我，我好讓它存在。在某種程度上你說對了，我等待的是愛情而非一名女子。這該如何是好？對我來說，愛情的表象就是一個女人，而且表象無疑超過實質。我可以吹一口氣，將她的假定真實性一筆勾銷，咻！……把她變回我在不知不覺中等待著的「非思想」！不論是第一次還是第二次，她一定都可以成功地避開我。我把她留給你，祝你們用餐愉快，這頓晚餐已經與我無關了。我的陌生女子爽約了，她或許是膽怯。當時看到她花容失色的樣子，我眞的有提出邀請嗎？

這時，一名女子走進餐廳，左顧右盼找了一下，然後走向「是先生」這一桌。

「是先生」一邊說話，一邊起身和她面對面。

是曰：天啊，她眞的來了！這是她的微笑，沒錯……她東張西望，認出是我，開始走過來。她沒有我想的那麼高……雖然她的腿還是頗爲修長。她身材苗條，動作靈活，裝扮優雅……好，你給我聽好，別說我沒警告你。我爲了做好她爽約的心理準備而編織了一堆故事，現在故事說完了。我的「是先生」不再需要「非先生」來幫助我思考，我甚至不需要想她的來臨，因爲她眞的來了。她就在這裡，你明白吧！

「是先生」開始用比較實際的聲音向面前的女子說話。

是曰：您應邀而來，我很感動。請坐，我們喝點香檳吧！我們絕對有資格慶祝一下。您知道嗎？從前天起，我就一心一意想著您……

是非論愛情
Pour et contre l'amour

作者——Jean-Claude Lavie
譯者——賴怡妝
總編輯——游雅玲
叢書主編——葉偉忠
美術編輯——蔡孟儒
插畫——潘美雲
印刷——侑旅印刷事業股份有限公司
出版——Utopie 無境文化事業股份有限公司
地址——802 高雄市苓雅區中正一路 120 號 7 樓之 1
電話——07-3987336
E-mail——edition.utopie@gmail.com
初版——2023 年 1 月
ISBN——978-626-96091-7-8
定價——250 元

國家圖書館出版品預行編目(CIP)資料

是非論愛情 / Jean-Claude Lavie 著；賴怡妝譯 .-- 初版 .-- 高雄市：
無境文化事業股份有限公司 , 2023.01
面；　公分 .--（風格翻譯文學叢書；2）
譯自：Pour et contre l'amour
ISBN 978-626-96091-7-8（平裝）
1.CST: 戀愛心理學 2.CST: 精神分析
544.37014　　111019630